諷詩調詩集 · 45

풍諷계戒집集 · 12

박진환 第63시집

지성 · 감성의 메타언어
조선문학시인선 · 381

諷詩調詩集 · 45

풍諷계戒집集 · 12

조선문학사

■ 책머리에

풍시조(諷詩調)는 비리·부조리에 감행하는 복수의 미학이다.

2014년 初夏

박 진 환

박진환 제63시집 / 諷詩調詩集 · 45

풍諷계戒집集 · 12

차례

토악질

무슨 구미에 당긴다고 날것으로 내보내는 뉴스에 못면하는 허천기
폭식 · 포식으로 탈나면 안처먹음만 못함이 탐식인데
거식불사 다이어트완 달리 정치 탐식 못면해 식상한 토악질

개떡이나 하나 더 줄까

여론조사결과 한국인 북녘 김정은 보다 일 아베 더 싫어해
11.1%와 11.27%는 차이랄 것도 없지만 밉기는 매한가지
옛분들 미운놈 떡 하나 더준다 했던데, 개떡이나 하나 더 줄까

읽어보기나 했겠나

1년째 도서구입 1권도 안한 대학, 그래서 소학만도 못한 대학
대학이면 뭘하고 소학이면 뭘하겠나만 한권 책도 안 샀으니
대학있다손 쳐도 읽어보기나 했겠나, 상제집 거문고지

소음 Box가 돼서야

서울시민 세사람 중 한사람은 소음공해 제기한다던데
시끄러도 너무 시끄럽다, 온통 매스컴이 확성기를 틀어놓은 것 같다
소음 정화시켜야할 매스컴이 저리 소음 Box가 돼서야

우두머리 잘라낼지

생활고 비관자살, 꼬리에 꼬리 무는 꼬리 못 잘라낸 자살
꼬리완 달리 자살률은 OECD국 중 최고의 우두머리
어느 날에나 살자살자 주어되어 자살 아닌 우두머리 잘라낼지

통할지가 의문

박대통령 말씀의 종결어미는 대부분 '해 나갈 것'이란 미래지향형
'하다', '하고 있다'는 현재진행형이 아니니 믿어도 될지?
현재의 불통 미루어 미래는 제대로 통할지가 의문

하도 많아서

전령대학이란 말 들어보았는가? 형체 없는 50명 학생에 두 교수
하는 일은 강의 아닌 50명 영령에 장학금을 지불하는 일
장학금은 관두고라도 등록금에 눈독들인 대학이 한국대학이어서

※ 전령대학(全靈大學, All Soul College) : 1438년에 영국 옥스퍼드대학 내에 세워진 학생의 형체는 없고 영혼만이 있는 영·불 전쟁 때 전사한 영국병사의 영령을 위로하기 위해서 세워짐.

대학 천국의 대학 아닐지

대학정원 20명에 재학생 1명이면 세계 유일의 대학이 아닐지?
일찍이 형체를 가진 학생이 없는 전령대학 있단 말 들었어도
이런 대학 대한민국에 있다니 유령 아닌 실재한 천국의 대학 아닐지

무슨 재주로 다스려

자살률 20년 사이 3배나 증가, 원인은 경제문제인 생활고란데
옛분들 말씀인즉 "가난은 나랏님도 못다스린다" 안했던가
세계 어느 제왕도 못다스리는 가난 코리아가 무슨 재주로 다스려

가족은 뭘까?

염전노예, 노동노예, 성노예, 노예가 화두던데
묻노니 노예 아닌 자 있던가?
빚쟁이는 노예라던데 가구당 빚 1천만 원이면 가족은 노예 아닐까?

자랑하심이 어떨지

소득 많다고 오셔서 확인해보라는 어느 광고 아줌마
백수 약 올리고 귀 막게 하는 시도 때도 없이 떠벌이시던데
세무관 초청해 세금 얼마나 낼지 확인하고 자랑하심이 어떨지

그 가까운 길이 자살인 것을

자살의 주원인 경제문제, 곧 생활고란 뜻
먹고살기 힘들어서가 아닌, 먹고살 수 없어서니
길은 먼 곳이 아닌 가까운 곳에 있다는 공자왈, 그길이 자살인 것을

쓰겠는가

북녘별은 똥별, 남녘별은 동별,
똥과 동, 구린내와 구릿내는 닮아도 딱 닮은 형제
분형연기이니 아니 닮아서야 쓰겠는가

※ 분형연기(分形連氣) : 몸은 나뉘었으나 정신은 이어져 있음을 이르는 말.

더 더럽고 분해서

미 오바마를 비롯, 영 · 불 등 국가수반들 러 폭탄에 뒤통수 맞았다던데
고참에 핵 · 미사일 · 탱크 앞세워야만 공격인가
뒤통수란 게 면전에서 맞는 몇 대 뺨보다 더 더럽고 분해서

※ 고참(鼓儳) : 적진이 미처 정비되지 않았을 때 북을 치며 진격한다는
좌전(佐傳)에 나오는 말.

선수가 그러했거든

러 푸틴의 노련미에 미 오바마 당했다고 하던데
노련미란 게 숙습난당, 곧 손을 잘 써야 하거든
크림반도 선점한 러 푸틴의 선수(先手)가 그러했거든

※ 숙습난당(熟習難當) : 일이 손에 숙련된 사람에겐 당할 수가 없다 함이니
무엇이나 잘 하려면 손에 익어야 한다는 뜻.

다 구면들이어서

잘난 사람들 얼굴로 연일 신문 도배하던데 새 얼굴은 없데
불통의 이 시대 어느 인물이 부윤·도백이 될지는 두고 볼 일
저중 정설불식의 위인 한사람쯤 끼일법한데 다 구면들이어서

※ 정설불식(井渫不食) : 우물이 깨끗해도 마시지 않는다는 뜻으로 재능있는 사람이 세상에 쓰이지 않음을 이르는 말.

선택은 투신밖에

일부대학 유지해도 빚 문 닫아도 빚, 상아탑 높이 알고 있었지만
빚더미 높이 또한 이리 높을 줄 미처 몰랐으니 진퇴양난
높이 피하려면 낮은 곳 찾는 일, 선택은 투신밖에

선생 오진 수정합시다

자살충동 40%가 생활고, 허긴 잘살면 왜 자살해
죽지못해 살면 몰라도 행복해 죽은 자는 없거니, 키엘케골 선생
죽음에 이르는 병, 고독 아닌 가난같소, 선생 오진 수정합시다

뜨면 또 뭐하겠나

경칩엔 동면의 개구리도 눈을 뜨는데, 경칩이 없는 정치풍토
한번 불었다 하면 선거열풍, 열풍 뒤엔 꽁꽁 얼어붙는 정치 삼동
설혹 개구리 눈 있다한들 어찌 뜨겠으며 뜨면 또 뭐하겠나

오래거든

권력기관 출신 인사들 줄줄이 재벌 · 은행권에 사외인사로 영입돼
이를 두고 세인들 방패막이라던데 조자룡 · 여포의 창이 두려운 것인가
그럴 것 없어, 그런 창 현금에는 날 무뎌진지 오래거든

왕 부끄럼인 것을

일 중의원 의원이란 자 왈 한국 위안부는 부끄러움을 모른다고
허면 정작 부끄러워해야할 일 여인들 부끄러할 줄 모르는 부끄럼
당신은 알아? 중의원 나리란 수준이 그 모양이니 왕 부끄럼인 것을

없지 않아서

법 다스리는 분들 말끝마다 법과 원칙대로란 말 즐겨쓰시던데
비록 나랏님이라도 왕자무친 법도 못지키면 법과 원칙이 무슨 소용
가장 엄격한 법은 가장 나쁜 해악이란 말도 없지 않아서

편법운운 못 면하지

법과 원칙 당연한 걸 유리할 땐 입에 걸었다가
불리할 땐 편법으로도 부칙으로도 갈아 걸어
그게 운용의 묘인데 유리할 때만 잣대삼다니 편법운운 못 면하지

엇박자일밖에

박대통령 실천 정책 중 비정상의 정상화 소리는 높았는데
재벌 · 금융권 사외이사 영입 두고 비정상이란 여론이 더 높데
높은 두 소리에 장단에 맞춰 북치고 장구치니 엇박자일밖에

특검 아니던가

씨도 안 먹히는 야 특검주장, 한번 해봤으면
해서는 안 되는 건지, 特檢을 特劍으로 아는 건지
구릴 것 없으면 배째라고 내밀어도 안째는 것이 특검 아니던가

흔들어야

특검을 여, 민주주의 근간을 흔드는 일이라며 불가론
야, 국정원 비리 민주주의 근본을 위협하는 일이라며 불가피론
근간·근본, 둘 다 흔들어선 안 되지만 악 뽑아내려면 흔들어야

보는 법부터 배울 일이다

국정원 위조문제 의사파업문제 공천상향문제 등 난제들 산적
이놈의 산적이란 게 숲에 숨은 게 아니라 자신 안에 숨어 있어
스스로 볼 줄 모르면 적 또한 볼 수 없는 법, 보는 법부터 배울 일이다

편법처리 아닐지

원칙과 법대로라면 국정원 간첩사건 증거조작
박대통령 사과 아닌 유감 표명으로 덮고 넘어가던데
유리하면 법과 원칙 앞세우고 불리하면 편법처리로 뒤에서기 아닐지?

비정상화 아닐지

불법 저지른 부처 수장이 책임져야 원칙과 법에 따른 것인데
원칙과 법이 아닌 사과나 유감 표명으로 편법화
원칙과 법보다 편법 앞세우는 게 되레 정상화의 비정상화 아닐지

No인갑데

보훈성 코드인사 두고 선거승리 전리품인 낙하산 인사라 이구동성
루즈벨트 대통령은 아메리카 정치이상과는 반대라고 No 했던데
미국식이면 죄다 OK인 코리아, 이것만은 No인갑데

분만구멍이지

한국, 베이비박스에 버려진 영아 1년새 3배로 늘어
OECD국 중 출산율 최하위에 버려진 아이는 최고 수준
낳아 기를 아이는 안 낳고, 낳아 버릴 아이만 낳는다면 분만구멍이지

못 면할 판

경칩이 없는 정치 계절, 경칩이 없다는 게 다행 아니던가
경칩 맞아 정치 개구리들 죄다 눈뜨면 안그래도 시끄러운 정치
개구리 울음으로 굉음지대 못 면할 판

전리품

공공기관 84곳에 친박 인사 114명 임명한 거나
북 대의원 376명 신실세로 교체한 것이나
집권자가 챙긴, 같으면서 다르고 다르면서 같은 전리품

자랑 아닌 수치

미 감시 폭로하고 망명신세된 스노든, 망명후 첫 미국민과 통화

"다시 폭로하겠나?" 물으면 "결단코 폭로하겠다고"

자랑스런 미국의 용기이자 양심의 망명은 미국의 자랑 아닌 수치

미국의 두 얼굴

전 미 라이스 국무장관은 미 이라크 침공 주작부언으로 망신
미 무차별감시 폭로한 스노든은 자랑스런 곤관으로 망명
참말은 망명, 거짓말은 망신이니, 미국의 두 얼굴

※ 주작부언(做作浮言) : 터무니없이 꾸민 거짓말.

※ 곤관(悃款) : 허심없는 진실함.

표 다 낚여가

여, 국정원 증거조작 지켜보며 책임론 제기와 침묵일관
책임론 제기가 법과 원칙 중시라면 침묵은 회피성 편법
법과 질서냐? 편법 침묵이냐? 두 의문부 낚시바늘되면 표 다 낚여가

꼬리만도 못하게 됐어

국정원 간첩조작사건 국기문란의 대표적 비정상
공공기관 낙하산 인사도 전리품 챙기는 절대 비정상
비정상의 정상화란 화두, 용두사미 돼 꼬리만도 못하게 됐어

그러려니 했지만

그러려니 했지만 믿고 싶었던 검찰, 100일도 못가 허구 드러내
거짓말인줄 알면서 속인 검찰, 어찌 참말 진술 강요할 수 있겠나
허긴, 맨날 그 모양이었으니, 불신 자초, 그러려니 했지만

섞이면 그러지

검찰, 자신들은 거짓말하면서 간첩 혐의자에겐 참말 강요
일이 이지경이면 "그러려니"가 "그럴줄 알았어"로 불신에 불신
옛분들 달리 옥석혼효라 했겠나, 거짓말과 참말 섞이면 그러지

※ 옥석혼효(玉石混淆) : 돌과 옥이 한데 섞여 있다는 뜻으로 좋은 것과 나쁜 것, 착한 것과 악한 것이 한데 섞여 있음을 이르는 말.

무뎌진지 오래여서

대통령 각종 규제가 암, 야당수 국정원이 암덩어리
발암 부위는 달라도 다같이 국민혈세로 살찌는 암
진단은 했다마는 도려낼 도규 날 무뎌진지 오래여서

약이 없어서

식언에 식상한 국민들 정치 소화불량 호소

말도 참말 아닌 거짓말로 하는 정치

정치 위장에 걸린 위장병, 약국에도 약이 없어서

몸뚱이로도 못 막아

남재준 국정원장 사퇴론 여당서도 봇물 터졌다던데
우리말에 호미로 막을 걸 삽으로 막는다 했던가
그것도 터지기 전이지 이젠 몸뚱이로도 못 막아

눈 뜨고 도둑맞는다 했던가

한·캐나다 FTA, 한국은 연 수출 3억달러에 加는 5억달러 증가
한국 처지로선 득불보실 적자 FTA인 셈
선인들 이럴 때 두고 하는 말, "눈 뜨고 도둑맞는다" 했던가

※ 득불보실(得不補失) : 얻은 것으로써 잃은 것을 채우지 못함이니 손해가 크다는 뜻.

FTA란 게 적자 괴물같네

FTA 장밋빛 수출효과 기대 되레 적자 그늘 드리워
한·칠레 21억 달러 적자에, 한·EU는 70억 달러 적자, 거기다
대일 적자 250억달러, 대호주 110억달러라니 FTA란게 적자 괴물같네

복통 생각도 해야

복지확대 선거공약, 여 꿀꺽 삼켜버린 채 침묵
돈이 없어서란 이유 때문인데 자금원인 세금이야기도 꿀꺽
꿀꺽을 꿀인 줄 잘못알고 삼키다가 일으킨 복통 생각도 해야

거스를 수도 있어서

정가의 화두 암덩어리, 대통령 전매특허품 됐어
요즘 즐겨 쓰시는 메타포, 진돗개 정신도 그래
헌데 비유라는 게 자칫 비유 아닌 비위를 거스를 수도 있어서

정상의 비정상화 아닐지

국회정보위 휴업사태 놓고 비난 비등이던데
견제・감시 역할 다해도 부족할 판에 문닫아걸고 휴업이라니
비정상의 정상화가 아니라 정상의 비정상화 아닐지

시장하다

미, 지난해 애완동물에 쓴 돈 59조원
독일 국방비 48조원보다 10조원이 더 많아
애완동물 천국이냐? 전쟁없는 천국이냐? 둘다 그림의 떡, 시장하다

미 애완동물만도 못한 주제에

크로아티아 1년 GDP와 맞먹는 미 1년치 애완동물에 쓴 59조원
짐승만도 못한 세상에 짐승만도 못하게 사는 인간이라는 존재
"나는 생각한다 고로 존재한다"고? 존재? 미 애완동물만도 못한 주제에

골라 흉내하다니

조작에 거짓말에, 해서는 안될 짓만 골라서 한 국정원과 검찰
정치꾼들 전매특허품 꼼수가 그리 선망의 적이었던가?
지지리 못나게끔 따라 해서는 안 될 것만 골라 흉내하다니

먹힌 것뿐이어서

FTA란 게 잘만하면 꿩 먹고 알 먹는 줄 알았더니
웬걸, 잘못했다간 잡은 꿩은 물론이고 알까지 빼앗겨서
체결한 한·미, 한·칠레, 한·EU 등 죄다 먹을것없이 먹힌것뿐이어서

기다려지네

MB는 취임 초 통일기금 마련을 위해 힘썼고
박근혜 대통령은 통일준비위원회를 만들어 직접 위원장 맡고
다음 대통령 통일카드는 벌써부터 의문부 찍어놓고 기다려지네

꿈이라던데

남녘은 통일준비위원회까지 만들어 통일 위해 열 올리는데
정작 북녘은 미 위협 계속 땐 핵 억제력 과시 내세우며 딴청
동상이몽, 허긴 희망이란 눈 뜨고 있는 꿈이라던데

어쩐다

검찰도 국정원도 믿을 수 없는 거짓말 메이커
일견폐형백견폐성이라 했던가
그러다 혹여 속은 백성들 죄다 백견폐성 내지르면 어쩐다

※ 일견폐형백견폐성(一犬吠形百犬吠聲) : 한마리 개가 물건의 형상을 보고 짖으니 백마리의 개가 그 소리를 듣고 따라 짖는다 함이니 한사람이 거짓말을 하기 시작하면 다른 여러 사람이 이를 정말로 알고 전한다 함에 비유한 말.

천만리무중

말레이시아 여객기 행방 오리무중
찾고 찾고 또 찾아도 찾을 수 없는 십리무중
안개없이 개어 있어도 보이지 않고 찾으면 찾을수록 천만리무중

풀 수 없는 수여서

러시아 선수에 뒤통수 맞는 미국
안보리에서도 러 거부권 행사로 속수무책
선수 · 뒤통수 · 속수가 셋다 수자 돌림이지만 수로는 풀 수 없는 수여서

하나님이 맡지

통일부는 장관이 맡고, 통일준비위는 대통령이 맡고
그러다 통일되면 누가 맡지?
허락하신 하나님이 맡지

크림이 발라져서 그러지

미 이라크 침공이나 러 크림 침공이나 그게 그거
그게 그거 놓고 따져봤자 똥 묻은 개 재 묻은 개 나무란 격
헌데 왜 으르렁, 한쪽 빵에 크림이 발라져서 그러지

황금같이 하라

별에서 떨어진 운석 찾아 경주지역 탐석꾼들 몰려
금도 아닌 돌 찾아 몰린다니 돌이 금값보다 비싸서
황금보기를 돌같이 하라는 옛말, 지금은 돌보기를 황금같이 하라

안 당할지

정부 부동산정책에 찬물 부었다고들 하던데 아냐, 끼얹었어
끼얹어도 바가지 아닌 항아리로 끼얹어
헌데 젖은 투표용지 세례로 되받아 끼얹힘이나 안 당할지

숨기거든

어떤 광고 아줌마 "내 소득 와서 확인해 보라" 광고던데
까짓 아줌마가 벌면 몇 푼을 번다고 자랑삼아 광고씩이나
진짜 많이 버는 이는 자랑과는 달리 못 번체 숨기거든

이거지

북 16일 저녁 8시에 맞춰 단거리 미사일 8발 발사
8시 옆으로 뉘이면 ∞ 무한대, 그것도 88이니 무무한대
그래 ∞∞로 88 날아가라 이거지

계륵이어서 · 1

빵에 크림 발라 먹는 아침식사
고소하고 달콤하고 향그럽기까지
푸틴의 아침식사가 그러하지 않을까? 헌데 계륵이어서

계륵이어서 · 2

크림 발라 입맛 다시는 푸틴 맛이 그게 아닌 모양
국토야욕 시장기 면할 법한데 고춧가루여론 왕매워 입맛 잃어
버리기엔 아깝고 먹기엔 매워 입맛 버린 계륵이어서

채워지지나 않을지

경제혁신 3개년 계획, 가계부 경감 방안, 지역경제 활성화
봇물처럼 쏟아지는 선거 선심용 정책들의 홍수
이러다 빈 나라곳간 홍수로 채워지지나 않을지

안 더렵혀질지

국정원을 국조원이라 비하할 만큼 국정원이 말이 아니다
그도 그럴 것이 선거개입, 간첩위증사건 등 치부만 드러내기 때문
도려내야할 치부, 감싸주려고만 하니 혹여 치마나 안 더렵혀질지

먼저거든

중앙일보 여론조사 결과 경제민주화 41%에 경제활성화 56%
이상보다 현실 택한 이상과 현실 반영
그림의 떡 경제민주화보다 눈앞의 밥상 경제활성화가 먼저거든

골칫거리 게망태

지금까지 꽁꽁 묶였던 규제 풀어 완화한다니 다행
다행관 달리 꽁꽁 묶어 쥐어짰던 불행 풀어놓으면
이리 흩어지고 저리 흩어지는 불을 보듯 뻔한 골칫거리 게망태

구두선이지

상생 · 공생 입버릇처럼 떠들어대도 공염불
이젠 민생 어쩌고저쩌고 끼리끼리 당 자생에 혈안인데
상생 · 공생 · 민생은 구두 발길질 저쪽 구두선이지

들락날락거리거든

원전 짝퉁으로 부족했는지 전차 · 자주포 군수품까지 짝퉁
3 · 8선만 잘지키면 뭘하나, 도처가 숭숭 뚫린 구멍뿐인데
구멍만 있으면 부정부패, 온갖 죄악 들락날락거리거든

맹자단청 같아서

정부 고용창출 장밋빛 전망, 알고 보니 중장년 생계형 취업
고용의 양적 증가만 두고 전망한 장밋빛 질적으론 잿빛
수치만 앞세우는 정부 전망, 한치앞도 못보는 맹자단청 같아서

※ 맹자단청(盲者丹青) : 보아서 알지도 못하는 걸 보는 체함.

느긋하고

2월 국회 겨우 안건 셋 처리해 놓고 3월 들자 외유
잘 논 것도 좋다마는 발등의 불 핵물질방호협약 급해지자
외유 접은 국회의장 바빠지고, 급할 것 없다는 듯 야는 느긋하고

누가 의사이고 환자인가?

대한의협, 지난 2월 정부와 이면합의 숨기고 집단휴진 쇼 벌여

쇼맨도, 시장잡배도 아닌 의사가 국민담보로 쇼를 벌이다니

"의사여, 자신을 고쳐라"는 성경의 말씀, 누가 의사이고 누가 환자인가?

인간이로소이다

천사도 가지지 못하고
악마도 가지지 못한 선과 악을 둘 다 가진 위대한 존재
나는 위대한 인간이로소이다

입도 헹궈야

야합 · 짝퉁 · 사기극이라고 여 연일 신당 험집내기 공격
상생 · 공생 · 민생은 덕담 아닌 허언의 구두선
여 · 야 할 것 없이 음회세위와 함께 더럽혀진 입도 헹궈야

※ 음회세위(飮灰洗胃) : 재를 마시고 위를 깨끗이 한다 함이니 마음을 고쳐 착하게 됨을 이르는 말.

악한 지혜가 들어설 문은?

여 · 야 정치공세 듣기에 따라선 정치 주정 같기도
주정뱅이는 유별나게 악한 지혜를 가졌다고도 하고
지혜를 화복의 문이라고도 하던데 악한 지혜가 들어설 문은?

아픔일밖에

시대는 벨트에 감겨 끌려 가는데 허리띠에 묶인 삶이 놓아주질 않네
어쩐다, 끄는 손 뿌리치지 못하고 붙든 발목 뽑아내지 못하니
사랑도 이 지경이면 미움 못면할 판, 하물며 삶이라니 아픔일밖에

탓은 무슨 탓

새누리당 연일 신당 맹비난, 독설로 몰아붙이던데
잘못했으면 얻어들어야 싸지, 헌데 여당도 내세울게 없거든
내세울게 없으면 못한거나 매한가지, 처지 같은데 탓은 무슨 탓

요술잣대여서

중구삭금이라 했던가, 백성의 입이 무섭다는 이 말
요즘엔 여론조사란 것 있어 프로테이지로 척도하데
헌데 척도란 게 갖다 대기에 따라 눈금을 달리하는 요술잣대여서

※ 중구삭금(衆口鑠金) : 중구(衆口)에 의해 금같이 굳고 단단한 것도 부서진다는 뜻이니 여러 사람의 말은 그만큼 무섭다는 뜻.

더하지

통일대비 북녘 지적도 30만장 디지털화에 착수했다던데
암, 구석구석 다 뒤져 통일 청사진 마련하고 대비해야지
헌데 그림만 좋으면 뭘하나, 그림의 떡 되면 통일 시장기만 더하지

안 털리고 배겨

금감원 간부 1조8천억대 금융사기에 연루 됐다데
허긴 금감원이 눈감원 된지 이미 오래거든
눈먼 봉사 보고 금고 지키라 했으니 안 털리고 배겨

허사 아니어서

미 입김 세긴 세다, 완강히 버티던 한·일 정상회담

러 크림 합병 불인정, 굵직굵직한 외교현안들 미가 좌우

글쎄요, 정의란 강자의 이익에 자나지 않는다는 말 허사 아니어서

신국 면하겠나

국정원 선거개입, 간첩조작으론 부족했는지 밀수까지
국조원은 옛말, 지금은 국정(鞫正)원 못 면할 판
터졌다 하면 비리에 연루니 어찌 신국(訊鞫) 면하겠나

※ 국정(鞫正) : 달리 신국이라고도 불리는 죄상을 물어 조사하는 일.

자랑이라니

금감원 눈만 먼 줄 알았더니 양심의 눈도 달걀봉사
사기대출 부끄러운 줄도 모르고 되레 비리 자체 발견했다고 자랑
적반하장도 유분수지, 심안도 육안도 캄캄 주제에 자랑이라니

옥석은 가려져야

규제개혁, 규제혁파 등의 격음으론 부족해 쳐부셔야 할 원수
암덩어리라고 강변하며 갖는 대통령주제 규제개혁 회의
단 하나 풀어야할 규제와 필요한 규제, 옥석은 가려져야

푸나마나지

박대통령 주제 규제개혁 회의 놓고 매스컴 지적 새겨볼만
'규제폐지 때 이득 보는 사람만 초청, 비판적 단체는 안불렀다고'
부르지 않는 것도 불문율의 규제 아니던가, 그래가지곤 푸나마나지

그거 아니였던가

그래, 그거였어, 창조고 민주고 경제 성패는 역시 규제완화였어
뒷북친 정부보다 한발 앞선 국민들의 의중토로
경제민주화 41% 대 경제활성화 56%가 그거 아니였던가

속임수여서

무상버스가 화두던데, 실현되고 안되곤 당선된 다음 문제
현 집권당은 안그랬나, 별별 복지공약 해놓고 침묵이거든
선거란 게 개천도 없는데 다리 놔준다고 속이는 속임수여서

국민에 의한 규제완화여야

규제 완화로 손톱밑 가시 뽑아 아픔 치유하는 것도 좋지만

정부의 목적 실현을 위한 일방적 완화는 금물

국민의 동의는 물론, 국민을 위한 국민에 의한 규제완화여야

'의사여, 자신을 고쳐라'여서

대통령 말씀대로 규제가 암덩어리라면 세상은 암천지

그뿐인가, 규제에 묶여 사는 백성들은 너나없이 암환자

칼솜씨 좋은 도규가 있어야 하는데 '의사여 자신을 고쳐라'여서

하나요?

종편을 한국 민주주의의 암세포, 천박한 흉기라던데
암덩인 주제에 흉기 내두르는 종편, 규제가 풀려서가 아닐까?
나랏님, 이럴땐 규제를 풀어야 하나요, 죄어야 하나요?

속임수는 아니겠지

대통령이 주제한 규제완화 회의에 참석한 중소기업 · 벤처기업
자영업자 제마다 규제완화호소에 관련장관들 완화 · 개정 · 간소화 약속
대통령 입회하에 한 말이니 설마 食言도 飾言도 아니겠지

부칙 · 예외법칙 있는 것을

박대통령 규제완화 구제하면서 완화와 강화도 주문했다던데
바로 그거지, 완화일변도, 강화일변도 아닌 완급조절의 중용지도
어디 규제뿐이겠는가, 원칙과 법에도 부칙 · 예외법칙 있는 것을

영국 격언이 생각나서

대통령의 암덩어리, 손톱밑 가시, 진돗개정신 등등을 놓고
다른 표현은 없을까고 언론들 토를 달았던데
부드러운 말은 부드러운 상대를 만든다는 영국 격언이 생각나서

전망이거든

홍정은 붙이고 싸움은 말리라 했던가, 미 주선으로 마주한
한·미·일 정상 기싸움 풀고 협력관계 이끌어내겠나?
그랬음 좋겠는데 좋다말 공산이 커서, 공산이 곧 전망이거든

살만도 하지만

규제완화, 청와대에선 샴페인 터뜨리고
야선 규제 매카시즘이라고 혹평
사비위빈이라고 힘의 규제가 아닌 덕의 완화면 살만도 하지만

※ 사비위빈(仕非爲貧) : 관리는 가세가 빈한해 녹을 타 먹기 위해 일하는 것이 아니라는 뜻으로 관리는 덕을 천하에 시행함에 있다는 맹자의 말.

일침

한·미·일 정상회담 발표 외교부에 떠넘긴 청와대 두고
타의적 회담에 대한 불만, 외교사안 설명 자신 없어서라고 일침
그보단 중요한 외교사안엔 청와대가 외교부 뒤에 숨는다는 일침

정치생명이란 게 그래

원자력방호법과 방송법 개정안, 어느 쪽의 비중이 더 클까?
아무래도 후자 같다, 전자는 체면용이지만
후자는 정치 생존권과 직결 되거든, 정치생명이란 게 그래

위로 삼으셔

규제완화, 의료계 문제 놓고 국회 무시한 월권이라던데
월권이란 게 별건가, 힘없으면 당하고 하는 말이지
힘은 온갖 것을 정복하지만 승리는 짧다란 말로 위로 삼으셔

명판사 아니던가

현직 부장판사가 주먹 휘둘러 빈축 사
그것도 범법자에 휘두른 정의의 주먹 아닌 마신 술값 내란다고 주먹질
법보다 주먹이 먼저란 말 증명했으니 명판사 아니던가

•

박진환 시인은 전남 해남 출신으로 동국대 국문학과를 거쳐 중앙대 대학원을 졸업(문학박사)했다. 1960년 동아일보 신춘문예(詩)·1963년 自由文學(문학평론)으로 문단에 데뷔했고, 국제PEN한국본부 사무국장 및 이사, 한국문협 고문을 역임했다. 제9회 시문학상, 제3회 비평문학상, 펜문학상, 윤동주문학상 등을 수상했고, 한서대학교 교수 및 예술대학원장을 역임했으며 현재 월간『조선문학』발행인 겸 주간으로 있다. 중요 저서로는 시집에『귀로』,『사랑법』,『꽃시집』,『三行詩抄』Ⅰ~Ⅺ『諷詩調』,『박진환시전집』Ⅰ·Ⅱ·Ⅲ·Ⅳ·Ⅴ·Ⅵ·Ⅶ,『物神時代』Ⅰ·Ⅱ·Ⅲ·Ⅳ·Ⅴ,『동굴일지』Ⅰ·Ⅱ·Ⅲ·Ⅳ·Ⅴ,『2012년 8월』에서『2013년 7월』까지,『풍계집·1』에서『풍계집·25』까지 76권의 시집이 있고 평론집으로『한국현대시인론』,『현대시론』,『21C시학과 시법』등 다수와『한국시의 공간구조연구』,『21C 시학』,『시창작론』,『諷詩調詩學』외 다수의 역저가 있다.

•

조선문학시인선 381

諷詩調詩集·45

풍諷계戒집集·12

2014년 8월 20일 인쇄
2014년 8월 30일 발행

지은이 / 박진환
발행인 / 박진환
펴낸곳 / 조선문학사
등록번호 / 1-2733
주소 / 120-853 서울 서대문구 통일로 389(홍제동)
전화 / 02-730-2255
팩스 / 02-723-9373

ISBN 978-89-98115-71-5

정가 10,000원